西区

美国自然历史博物馆

中央公园

无线电城音乐厅

卡耐基音乐厅

大都会博物馆（现代艺术博物馆）

圣帕特里克大教堂

古根汉姆博物馆

中央车站

洛克菲勒中心

克莱斯勒大厦

大苹果

U0772863

林区

献给露西尔，她每天都唱歌，让我的日常生活总是充满愉悦……

——奥雷莉·B

将来有一天，我一定会跟你们一起去纽约……献给埃里克、吕迪和莉莉。

——纳塔莉·J

一起看世界

你好，纽约

〔法〕奥雷莉·邦巴奇 / 著

〔法〕纳塔莉·雅内尔 / 绘

李尧 / 译

海天出版社

·深圳·

版权登记号　图字：19-2019-127号

New York pour un jour
Text Copyright © 2016 by Aurélie Bombace
Illustrations Copyright © 2016 by Nathalie Janer
Original edition first published by Éditions Limonade under the title of
"New Yorkpour un jour"

Simplified Chinese rights arranged through Beijing Star Media Co.,Ltd.
（http:// www.wstern.com）

图书在版编目(CIP)数据

你好，纽约 /（法）奥雷莉·邦巴奇著；（法）纳塔莉·雅内尔绘；李尧译. — 深圳：海天出版社，2020.2
（一起看世界）
ISBN 978-7-5507-2701-4

Ⅰ . ①你… Ⅱ . ①奥… ②纳… ③李… Ⅲ . ①儿童故事 – 图画故事 – 法国 – 现代 Ⅳ . ① I565.85

中国版本图书馆 CIP 数据核字 (2019) 第 161479 号

你好，纽约
NI HAO, NIUYUE

出 品 人　聂雄前
责任编辑　陈少扬　侯天伦
责任技编　陈洁霞
责任校对　万妮霞
封面设计　度桥制本 Workshop

出版发行　海天出版社
地　　址　深圳市彩田南路海天综合大厦（518033）
网　　址　www.htph.com.cn
订购电话　0755-83460239（邮购、团购）
设计制作　度桥制本 Workshop
印　　刷　深圳市新联美术印刷有限公司
开　　本　787mm×1092mm　1/16
印　　张　2.25
字　　数　30 千
版　　次　2020 年 2 月第 1 版
印　　次　2020 年 2 月第 1 次
定　　价　32.80 元

海天版图书版权所有，侵权必究。
海天版图书凡有印装质量问题，请随时向承印厂调换。

你好，纽约

纽约，太阳落山了。

在曼哈顿北部的一套公寓里，一个穿着闪亮睡衣的小女孩在一群洋娃娃观众面前举行了一场精彩的音乐会，这个巨星就是艾米！

她把刷子当作麦克风，想象自己在聚光灯下，有成千上万的观众在喝彩。

"你知道的，蒂娃，这就是我这辈子想做的事情，写自己的歌，到全世界去演唱。可惜我胆小，会怯场！"

小狗抬了抬眉毛，说："但是这很简单啊！"

艾米不敢相信自己的耳朵，刚才蒂娃跟她说话了？

"当然啦，我在说话！哦，人类！来吧，不要浪费时间。纽约是个大都会，如果你想唱歌，那可得抓紧时间啦。"

就在主人目瞪口呆的时候，蒂娃走向窗户。"快来，一起坐着你的音乐播放器去旅行吧，这样很快，也很方便！"

乘坐着变大的音乐播放器，艾米的旅行开始了。

很快，绿宝石般的**中央公园**就映入眼帘。这是一个嵌在纽约高楼森林中的规整矩形！

　　在夕阳的余晖中，有人在人群中唱起了歌。有些人停下来听，有些人则继续往前走，却也开始哼了起来。他们的脸上都绽放出笑容。

　　"艾米，你看，音乐能让人们的心彼此相连！"

艾米陶醉了，她闭上眼睛，让自己沉浸在各种各样的声音当中，身子随着音乐的节奏摇摆。

"向**百老汇**方向出发！"蒂娃说，"你会喜欢的！那里因为音乐剧而享誉全球！"

百老汇大道长度超过 20 千米，有 40 家剧院，这为曼哈顿纵横交错的路网添加了一条美丽的对角线。

在**国王剧院**门口，迟到的观众都围在售票窗口。演出就要开始了。

一会儿工夫，艾米和蒂娃就出现在一个豪华大厅里，坐在观众中间。这里装修豪华，舞者众多，歌手充满激情地演唱。整场表演生动多彩，艾米忍不住想跟着又唱又跳。太精彩了，无论是大人还是孩子都度过了一段美好的时光。

"艾米，你看，音乐就是喜悦、幸福、分享！"

在掌声的回响中，蒂娃请艾米回到飞翔的音乐播放器。

"我们去哪儿呢，蒂娃？"

"去第七大道 57 大街的街角，到**卡耐基音乐厅**发现歌剧的奥秘。"

音乐厅里挤满了人，却安静得连针掉到地上都能听见。一位穿着晚礼服的女士走到台前。乐队指挥举起指挥棒。突然，音乐响起来。这触动了艾米的心。歌唱家水晶般清澈的声音让她热泪盈眶。红色座椅上，一个声音把小女孩唤回现实。

"音乐就是这样，艾米，强烈的情感会让我们沉醉。"

她们又出发了，飞过洛克菲勒中心，
到了**帝国大厦**，停在楼顶欣赏风景。

小号、萨克斯管、低音提琴的乐音交织成美妙的旋律，飞向天空。蒂娃侧耳倾听。"这是爵士乐，艾米！听这摇摆舞曲！太精彩了！"

在一家大餐厅的露台上，一支爵士乐队在满怀期待的观众面前弹奏经典曲目和即兴作品。

艾米躺在星空下，细细品味着爵士乐。

"艾米，我想介绍一个人给你认识，她离这儿不远。我们走吧。"

在热闹的街道上空飞了几千米后，艾米看到了**自由女神像**。这座高度超过 46 米的雕像是纽约的象征，全球闻名。她用手上的火炬和安详的凝视，热情地欢迎艾米。

"什么？你害怕唱歌？你并不是一个害羞的女孩儿，为什么不去尝试呢？"

一想到要尝试，艾米倒吸了一口气，嗓子发紧。

"看那儿，艾米，那是埃利斯岛。成千上万的人为了过上更好的生活从那里登陆，来到纽约。为了住到摩天大楼里面，为了实现梦想，他们不惜漂洋过海。梦想并不是一句空话！你需要勇气和决心，只要你用心地投入进去，一定可以演唱自己创作的歌曲。"

艾米垂下眼皮，摆弄着手指，心慌了起来。

"孩子，抬起头来！你真的想唱歌吗？"

"哦，是的，这比什么都重要！"

"那你可要抓紧时间，接下来要表演一个节目。"

自由女神手指轻轻一弹，就把
艾米和蒂娃送到几千米外。

归零地

18

唐人街

SOHO 购物区

她们快速飞过了许多街区，到
目的地时，艾米头发都乱糟糟的了。

"我们来了。"蒂娃微笑着说。

麦迪逊广场花园里人头涌动，原来有一场大型摇滚音乐会很快就要开始了。灯都亮了起来，乐师们在调音，所有麦克风都连接好了。艾米全身颤抖，双腿发软，但是她决心要克服恐惧。

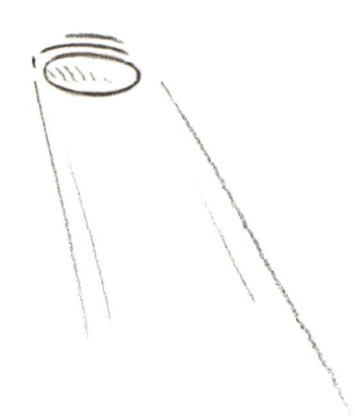

聚光灯下，吉他声中，她穿着演出服登上舞台。

观众们欢呼着，喊着她的名字："艾米！艾米！艾米！艾米！"

人群中传出了一个声音……

艾米！

艾米！

艾米！

艾米！ 艾米！

艾米！ 艾米！ 艾米！

"艾米！艾米！艾米？艾米？起床啦，该吃早餐了！"

穿着闪亮睡衣的小女孩伸了个懒腰，明白自己做了一个梦。多么美好的冒险！

她跳下床，下定决心，大步走下楼梯。

"我想追寻我的梦想！明天我就去报名学唱歌！就这么定了，我要努力啦！"

一起发现纽约

中央公园

美国国家历史地标之一。坐落在高楼林立的曼哈顿中心，是美国第一个主要的城市公共空间，汇集了草地、森林、喷泉、湖泊、动物园、剧场、运动场等多种景观。其中有纪念约翰·列侬的草莓地，这个泪滴状的花园也被称为"世界和平花园"。

百老汇大道

纽约的一条重要道路，周边聚集了众多的剧院、音乐厅等，是美国重要的戏剧和音乐剧中心。"百老汇"也因此成为美国戏院业、娱乐业的代名词。"百老汇"的著名剧目包括《猫》《歌剧魅影》《悲惨世界》《西贡小姐》等。

卡耐基音乐厅

美国国家历史地标之一。这座举世闻名的音乐殿堂包括三个表演空间：主厅（伊萨克·斯特恩礼堂）、演奏厅（赞克尔厅）和室内音乐厅（威尔独奏厅）。百年来，几乎所有同时代的伟大古典音乐家都在这里演出过。在1891年的开业庆典上，柴可夫斯基登台指挥部分曲目的演出。

洛克菲勒中心

美国国家历史地标之一。位于曼哈顿中心，是纽约的标志性建筑群之一，包括19栋商业建筑，曾在许多部影视作品中出现。这里有大量的户外雕塑和艺术设施，是纽约最著名的公共艺术空间之一。著名的洛克菲勒中心圣诞树亮灯仪式每年都会向全世界转播。

帝国大厦

美国国家历史地标之一。矗立于曼哈顿岛，是世界上第一座拥有超过100层楼的建筑，目前是纽约的第一高楼。作为纽约地标和文化标志，帝国大厦在至少90部影片中出现过，包括著名的《西北偏北》《金刚》等。

自由女神像

这座穿着古希腊风格服装、头戴七道尖芒冠冕、右手高举火炬、左手捧着《独立宣言》的雕像，是世界上最著名的"女性"之一。这是美国独立一百周年时法国政府赠送的礼物，自1886年以来一直矗立在纽约港的一座小岛上。

唐人街

又称中国城。位于曼哈顿南端下城，毗邻华尔街、百老汇，是纽约华人最重要的商业活动中心，这里有显眼的中文招牌、地道的中餐厅、中式庙宇和祠堂等，逢年过节还有舞狮、舞龙等传统表演。纽约唐人街已有超过百年的历史，2010年被列入美国国家史迹名录。

麦迪逊广场花园

当地人叫它"MSG"或"花园"。位于美国最大的火车站之一——宾夕法尼亚车站正上方，是全球现场体育和娱乐的标杆。这里是许多球队的主场，也是举办演唱会、政治集会的重要场所。猫王、迈克尔·杰克逊、林肯公园等都曾在这里举办过演唱会。

自由女神像

埃利斯岛

A码头

三一教堂

归零地
（世贸中心遗地）

世贸中心

华尔街

烟台公园

SOHO购物区

唐人街

华盛顿广场拱门

小意大利

麦迪逊广场花园

时代广场

第五大道

熨斗大厦

联合广场

布鲁克林大桥

曼哈顿大桥

布鲁